# ans Peur : Conquérir la Peur, l'Inquiétude et l'Anxiété

## 15 Secrets et Techniques Prouvés pour Retrouver Votre Paix et Votre Pouvoir

## Introduction : Le Voyage vers l'Intrépidité : Pourquoi ce livre peut changer votre vie

La peur est quelque chose que nous ressentons tous. Elle peut se manifester par un cœur qui bat la chamade avant une grande décision, une inquiétude silencieuse à propos de l'avenir, ou un sentiment accablant de terreur lorsque la vie semble incertaine. La peur est une partie naturelle de l'expérience humaine, mais elle ne doit pas contrôler votre vie.

Ce livre ne parle pas seulement de gérer la peur, il s'agit de la vaincre. Il s'agit de trouver les outils pour affronter la peur, l'inquiétude et l'anxiété avec confiance, et de retrouver votre paix et votre pouvoir.

### Pourquoi ce livre est important

Dans un monde rempli d'incertitude, la peur peut facilement prendre le dessus. Elle vous murmure : "Tu n'es pas assez bien", "Tu ne peux pas faire ça", ou "Et si tout allait mal ?" Ces voix vous maintiennent dans l'immobilité, vous empêchant de vivre la vie que vous souhaitez vraiment.

Mais voici la vérité : vous êtes capable de bien plus que ce que vos peurs voudraient vous faire croire.

Les outils et les techniques de ce livre sont conçus pour vous aider à vous libérer de l'emprise de la peur. Que ce soit l'inquiétude au sujet du travail, des relations, de la santé ou de l'inconnu, ce livre offre des étapes pratiques

pour affronter vos peurs, calmer votre esprit et avancer
avec courage.

**Ce que vous apprendrez**

Ce livre est divisé en chapitres qui vous guideront pour
comprendre et vaincre la peur : Vous commencerez par
explorer ce qu'est la peur et comment elle affecte votre
esprit et votre corps. Savoir pourquoi la peur survient est la
première étape pour la surmonter. Ensuite, vous apprendrez
des stratégies éprouvées pour apaiser l'inquiétude et briser
le cycle de l'anxiété. De la pleine conscience et la
reformulation des pensées aux changements de mode de vie
et à l'auto-compassion, vous découvrirez des outils qui
fonctionnent réellement. Enfin, vous explorerez comment
passer à l'action, affronter vos peurs et adopter un état
d'esprit intrépide. Il ne s'agit pas seulement de gérer la peur,
mais de la transformer en courage et en pouvoir.

Chaque chapitre comprend des exemples concrets, des
exercices pratiques et des questions de réflexion pour vous
aider à appliquer ce que vous avez appris à votre propre
vie.

**Un message pour vous**

Si vous avez pris ce livre, cela signifie que vous êtes prêt(e)
pour le changement. Vous êtes prêt(e) à arrêter de laisser la
peur diriger votre vie et à commencer à vivre avec
confiance et paix. Rien que cette décision est un acte de
courage, et elle montre que vous avez ce qu'il faut pour
entreprendre ce voyage.

Vous n'avez pas besoin d'être sans peur pour commencer ce
processus. La peur sera toujours là – c'est une partie de la
vie. Mais une fois que vous aurez terminé ce livre, vous

disposerez des outils nécessaires pour l'affronter avec force,
résilience et une profonde confiance en vous.

Alors, êtes-vous prêt(e) à faire le premier pas ?
Commençons ce voyage ensemble. Il est temps de
conquérir la peur, de retrouver votre paix et d'entrer dans la
vie intrépide que vous méritez.
Le voyage commence maintenant.

## Chapitre 1 : L'Anatomie de la Peur : Comprendre ses Origines et son Impact

La peur fait naturellement partie de l'expérience humaine. C'est quelque chose que nous ressentons tous, que ce soit un frisson momentané lorsque nous entendons un bruit fort ou une angoisse persistante face à l'avenir. Mais qu'est-ce que la peur exactement, et pourquoi la ressentons-nous ? Comprendre la peur est la première étape pour la surmonter.

**Qu'est-ce que la Peur ?**

La peur est la manière dont votre corps vous protège. Lorsque vous sentez un danger, votre cerveau envoie des signaux à votre corps pour se préparer à l'action. C'est ce qu'on appelle la réponse "combat ou fuite". Votre cœur bat plus vite, votre respiration s'accélère et vous pouvez ressentir des tremblements ou de la transpiration. Ces réactions sont conçues pour vous aider à survivre.

Par exemple, imaginez que vous marchiez dans une forêt et que vous aperceviez un ours. Votre corps réagit immédiatement — vos muscles se tendent, et vous ressentez l'envie de courir ou de vous cacher. À ce moment-là, la peur est votre amie. Elle vous protège.

Mais la peur ne se manifeste pas toujours en réponse à un danger réel. Parfois, notre esprit crée de la peur là où il n'y en a pas. Cela se produit lorsque nous nous inquiétons de choses comme échouer à un examen, parler en public ou ce que les autres pensent de nous. Ces peurs peuvent sembler aussi réelles que de voir un ours, mais elles sont souvent basées sur des pensées et non sur la réalité.

**Pourquoi Avons-nous Peur ?**

La peur provient d'une partie de votre cerveau appelée l'amygdale. Elle agit comme un système d'alarme, scrutant constamment les menaces. Cela était essentiel pour nos ancêtres qui faisaient face à des dangers physiques quotidiens, tels que les prédateurs ou les catastrophes naturelles.

Aujourd'hui, les dangers auxquels nous faisons face sont souvent moins physiques et plus émotionnels. Perdre un emploi, échouer dans quelque chose ou se sentir rejeté peut déclencher la même réponse de peur. Votre cerveau ne fait pas toujours la différence entre un danger réel et un danger imaginaire.

Par exemple, avez-vous déjà eu peur d'une présentation à venir, imaginant toutes les façons dont cela pourrait mal se passer ? Même si l'événement ne s'est pas encore produit, votre corps pourrait réagir comme si vous échouiez déjà. Ce type de peur peut vous freiner et réduire votre vie à ce qu'elle ne devrait pas être.

**Le Coût de la Peur**

Bien que la peur puisse nous protéger, elle peut aussi nous limiter. Lorsque nous laissons la peur prendre le dessus, elle nous empêche de faire les choses que nous voulons ou avons besoin de faire. Elle peut nous empêcher d'essayer de nouvelles expériences, de prendre des risques ou d'entrer en contact avec les autres.

Par exemple, imaginez une personne qui a toujours voulu créer une entreprise. Elle a de bonnes idées, mais elle a trop peur de l'échec. Elle passe des années à en rêver, mais ne prend jamais de mesures. Ainsi, la peur devient une cage, la maintenant dans sa zone de confort.

**Exercices pour Comprendre Votre Peur**

Pour surmonter la peur, vous devez d'abord la comprendre. Voici deux exercices simples pour vous aider à réfléchir sur vos peurs :

1. **Nommer Votre Peur**
   Notez une chose dont vous avez peur. Soyez précis. Au lieu de dire "J'ai peur d'échouer", dites "J'ai peur d'échouer à mon nouveau travail et de décevoir mon patron."
   Une fois que vous avez nommé votre peur, demandez-vous :
   - Cette peur est-elle basée sur des faits ou des sentiments ?
   - Quel est le pire scénario possible, et quelle est sa probabilité ?
   - Comment réagirais-je si le pire se produisait ? Souvent, simplement nommer votre peur et y réfléchir logiquement peut la rendre moins accablante.
2. **Tracer l'Origine de Votre Peur**
   Pensez à une peur que vous avez. Quand avez-vous commencé à ressentir cela ? Était-ce un événement ou une expérience spécifique ? Par exemple, si vous avez peur de parler en public, cela a peut-être commencé après une mauvaise expérience à l'école. Comprendre l'origine de votre peur peut vous aider à la voir plus clairement et commencer à la laisser aller.

## Un Exemple auquel vous Pouvez Vous Identifier

Rencontrons Sarah. Sarah a toujours rêvé de voyager seule,
mais elle avait peur des endroits inconnus. Elle s'inquiétait
de se perdre, de ne pas comprendre la langue ou que
quelque chose de mauvais se produise.
Un jour, Sarah a décidé de défier sa peur. Elle a commencé
petit, en faisant un voyage de week-end dans une ville
voisine. Elle a planifié à l'avance, appris des phrases de
base et s'est rappelée qu'elle pouvait demander de l'aide si
nécessaire. À sa grande surprise, le voyage s'est bien
déroulé et elle était fière d'elle.
L'histoire de Sarah montre que la peur semble souvent plus
grande qu'elle ne l'est réellement. En prenant de petites
étapes, vous pouvez prouver à vous-même que vous êtes
plus fort que votre peur.

## Le Pouvoir de la Conscience

La première étape pour surmonter la peur est la conscience.
Lorsque vous comprenez ce qu'est la peur et pourquoi vous
la ressentez, vous pouvez commencer à prendre le contrôle.
Rappelez-vous, la peur n'est pas votre ennemie, c'est un
signal. C'est à vous de décider comment y répondre.

**Invit à la Réflexion**

Prenez un moment pour réfléchir à une peur que vous avez évitée. Notez vos pensées :

- Qu'est-ce que cette peur essaie de me protéger ?
- Quelle petite étape puis-je faire aujourd'hui pour y faire face ?

Dans le prochain chapitre, nous approfondirons comment l'inquiétude nous maintient coincés et les stratégies simples pour arrêter de trop réfléchir. Pour l'instant, rappelez-vous ceci : Vous êtes capable de comprendre et de surmonter la peur. C'est la première étape vers une vie sans peur.

## Chapitre 2 : La science de l'inquiétude : Pourquoi nous réfléchissons trop et comment arrêter

L'inquiétude est comme un fauteuil à bascule : elle vous donne quelque chose à faire, mais ne vous mène nulle part. Nous nous inquiétons tous de temps en temps, que ce soit pour le travail, les relations ou l'avenir. Mais trop d'inquiétude peut vous laisser un sentiment de blocage, de fatigue et d'anxiété.

Dans ce chapitre, nous explorerons pourquoi nous nous inquiétons, comment cela nous affecte et des moyens pratiques pour se libérer de la rumination.

### Pourquoi nous nous inquiétons ?

L'inquiétude est la façon dont votre cerveau essaie de résoudre des problèmes. C'est comme un système d'alerte, vous avertissant des choses qui pourraient mal tourner. En petites quantités, l'inquiétude peut être utile. Par exemple, s'inquiéter d'un examen à venir pourrait vous motiver à étudier davantage.

Mais l'inquiétude devient un problème lorsqu'elle devient constante et improductive. Au lieu de vous aider à résoudre des problèmes, elle génère plus de stress. Cela se produit parce que votre cerveau reste coincé dans une boucle de questions « et si » :

- Et si j'échoue ?
- Et si je fais une erreur ?
- Et si quelque chose de mauvais se produit ?
  Votre esprit commence à imaginer les pires scénarios, même s'ils sont peu probables. C'est ce

qu'on appelle la « catastrophisation », un schéma
courant de la rumination.

## Comment l'inquiétude vous affecte

L'inquiétude ne reste pas juste dans votre esprit — elle
affecte aussi votre corps. Lorsque vous êtes coincé dans un
cycle de rumination, vous pouvez remarquer :

- Des difficultés à dormir parce que votre esprit ne
  s'arrête pas
- Un cœur qui s'accélère ou une sensation de serrage
  dans la poitrine
- Des difficultés à vous concentrer sur des tâches
- Un sentiment d'irritabilité ou d'agitation
  Au fil du temps, l'inquiétude chronique peut
  entraîner de l'anxiété, des maladies liées au stress, et
  même de la dépression. C'est pourquoi il est
  important de reconnaître quand vous ruminez et de
  prendre des mesures pour y mettre fin.

## Rompre le cycle de la rumination

Arrêter de s'inquiéter ne signifie pas ignorer vos problèmes.
Cela signifie les aborder de manière saine. Voici quelques
stratégies pour vous aider à briser le cycle :

1. **Demandez-vous, « Est-ce utile ? »**
   Lorsque vous vous surprenez à vous inquiéter, faites
   une pause et demandez-vous :

   - Cette inquiétude m'aide-t-elle à résoudre un
     problème ?
   - Puis-je faire quelque chose à ce sujet
     maintenant ?
     Si la réponse est non, rappelez-vous que
     l'inquiétude ne changera pas la situation.

Concentrez-vous sur ce que vous pouvez contrôler.

2. **Fixez une « heure d'inquiétude »**

Si l'inquiétude perturbe régulièrement votre journée, essayez de planifier un moment précis pour y penser. Par exemple, réservez 15 minutes le soir comme votre « heure d'inquiétude ». Lorsqu'une inquiétude surgit durant la journée, écrivez-la et promettez-vous de la penser plus tard.

Cette technique vous aide à rester concentré sur le présent tout en donnant à votre esprit de l'espace pour traiter vos préoccupations.

3. **Challengez vos pensées**

L'inquiétude provient souvent de pensées déformées. Par exemple, vous pourriez supposer que le pire va se produire ou croire que vous ne pouvez pas gérer une situation.

Pour remettre en question ces pensées, essayez de les écrire et posez-vous les questions suivantes :

- Cette pensée est-elle fondée sur des faits ou des peurs ?
- Quelles preuves ai-je que cela va réellement se produire ?
- Si le pire se produisait, comment est-ce que je le gérerais ?

  Souvent, vous vous rendrez compte que vos inquiétudes sont moins réalistes qu'elles ne semblent.

4. **Pratiquez des techniques de relaxation**

Lorsque votre esprit est en ébullition, il est difficile de penser clairement. La relaxation peut calmer votre corps et vous aider à vous concentrer. Essayez des exercices de respiration profonde :

- ○ Inspirez lentement par le nez pendant quatre secondes.
- ○ Retenez votre souffle pendant quatre secondes.
- ○ Expirez lentement par la bouche pendant six secondes.

Répétez ce cycle plusieurs fois jusqu'à ce que vous vous sentiez plus calme.

D'autres techniques de relaxation, comme la méditation ou le yoga, peuvent également aider à réduire la rumination au fil du temps.

## Un exemple auquel on peut s'identifier

Prenons l'exemple de John. John se préoccupait constamment de son travail. Il restait éveillé la nuit en pensant : « Et si je me faisais virer ? Et si mon patron était mécontent de moi ? »

Un jour, John décida d'essayer la technique de l'« heure d'inquiétude ». Plutôt que de laisser ses pensées partir en spirale toute la journée, il les écrivit et se dit : « J'y penserai à 19 h. »

Lorsque 19 h arriva, John examina ses inquiétudes. Il se rendit compte qu'il n'avait aucune preuve que son patron était mécontent de lui. En fait, sa dernière évaluation de performance était positive. En limitant son inquiétude à un moment précis et en challengeant ses pensées, John se sentit plus maître de la situation et moins anxieux.

## Question de réflexion

Prenez un moment pour réfléchir à une inquiétude qui vous dérange. Écrivez-la et demandez-vous :

- De quoi ai-je vraiment peur ?

- Cette peur est-elle fondée sur des faits ou des sentiments ?
- Que puis-je faire maintenant pour y remédier ?

## Aller de l'avant

L'inquiétude fait naturellement partie de la vie, mais elle n'a pas à vous contrôler. En apprenant à reconnaître et à remettre en question vos inquiétudes, vous pouvez vous libérer de la rumination et trouver plus de sérénité dans votre vie quotidienne.

Dans le prochain chapitre, nous explorerons le fonctionnement de l'anxiété et des moyens pratiques pour y faire face de manière directe. Pour l'instant, rappelez-vous : l'inquiétude est simplement une habitude, et comme toute habitude, elle peut être changée.

## Chapitre 3 : L'anxiété révélée : Reconnaître et affronter vos tempêtes intérieures

L'anxiété est comme une tempête dans votre esprit et votre corps. Elle peut être accablante, imprévisible et difficile à contrôler. Mais comprendre l'anxiété est la clé pour la gérer. Lorsque vous apprenez ce qu'elle est et pourquoi elle se produit, vous pouvez commencer à prendre des mesures pour calmer la tempête.

Dans ce chapitre, nous explorerons ce que l'anxiété ressent, ce qui la cause et comment l'affronter de manière saine.

**Qu'est-ce que l'anxiété ?**
L'anxiété est bien plus que simplement se sentir nerveux ou inquiet. C'est un sentiment de peur ou de malaise qui peut rester avec vous même lorsqu'il n'y a pas de danger réel. L'anxiété peut se manifester de différentes manières, notamment :

- Des symptômes physiques, comme un cœur qui bat vite, de la sueur ou un tremblement.
- Des symptômes émotionnels, comme une inquiétude constante ou un sentiment d'angoisse.
- Des changements de comportement, comme éviter des situations qui vous mettent mal à l'aise.

Imaginez que vous devez faire un discours devant une foule. Vos paumes sont moites, votre cœur bat la chamade et vous avez envie de fuir. C'est l'anxiété qui agit pour vous protéger de ce qu'elle perçoit comme une menace. Mais lorsque l'anxiété se manifeste tout le temps ou dans des situations où il n'y a pas de danger réel, cela devient un problème.

### Qu'est-ce qui cause l'anxiété ?

L'anxiété provient souvent d'une combinaison de facteurs :

- **Biologie :** Certaines personnes sont plus enclines à l'anxiété en raison de leurs gènes ou de la chimie de leur cerveau.
- **Expériences :** Des événements passés, comme une enfance difficile ou une expérience traumatisante, peuvent vous rendre plus sensible à l'anxiété.
- **Modèles de pensée :** Des pensées négatives ou craintives peuvent alimenter l'anxiété, créant un cycle difficile à briser.

Par exemple, si vous avez grandi dans une maison où les erreurs étaient sévèrement punies, vous pourriez vous sentir anxieux à l'idée de commettre même de petites erreurs. Avec le temps, cette peur peut grandir, affectant votre perception de vous-même et du monde qui vous entoure.

### Comment l'anxiété affecte votre vie

L'anxiété peut limiter votre vie de bien des manières. Elle pourrait vous empêcher d'essayer de nouvelles choses, de rencontrer de nouvelles personnes ou de poursuivre vos objectifs. Par exemple, une personne souffrant d'anxiété sociale pourrait éviter d'aller à des fêtes ou de prendre la parole lors de réunions, car elle craint d'être jugée ou embarrassée.

Si elle n'est pas maîtrisée, l'anxiété peut rendre votre monde plus petit. Mais la bonne nouvelle, c'est que l'anxiété est traitable. Avec les bons outils, vous pouvez reprendre le contrôle.

### Faire face à votre anxiété

Faire face à l'anxiété ne signifie pas s'en débarrasser complètement. Cela signifie apprendre à vivre avec elle de manière à ce qu'elle ne vous contrôle pas. Voici quelques étapes pratiques :

1. **Nommer votre anxiété**
   Lorsque vous vous sentez anxieux, essayez de
   nommer ce que vous ressentez. Par exemple, au lieu
   de dire « je suis juste stressé », vous pourriez dire
   « je me sens anxieux parce que je suis préoccupé
   par la réunion de demain ».
   Nommer votre anxiété vous aide à la voir comme
   quelque chose de séparé de vous. C'est un
   sentiment, pas un fait.

2. **Pratiquer des techniques de recentrage**
   L'anxiété peut vous donner l'impression que vous
   perdez le contrôle. Les techniques de recentrage
   vous ramènent au moment présent. Une méthode
   simple est la technique 5-4-3-2-1 :

- Regardez autour de vous et nommez 5 choses que
  vous pouvez voir.
- Touchez 4 choses que vous pouvez sentir.
- Écoutez 3 choses que vous pouvez entendre.
- Remarquez 2 choses que vous pouvez sentir.
- Concentrez-vous sur 1 chose que vous pouvez
  goûter.
  Cet exercice aide à calmer votre esprit et votre
  corps en vous concentrant sur ce qui est réel à cet
  instant.

3. **Remettre en question les pensées anxieuses**
   L'anxiété provient souvent de pensées négatives ou
   irréalistes. Lorsque vous remarquez ces pensées,
   remettez-les en question :

- Quelle preuve ai-je que cela est vrai ?
- Y a-t-il une autre manière de voir cette situation ?
- Que dirais-je à un ami qui se sentirait de cette
  manière ?
  Par exemple, si vous êtes anxieux à l'idée d'un
  entretien d'embauche, vous pourriez penser : « Je

vais tout gâcher, et ils ne m'embaucheront pas. »
Remettez cette pensée en question en vous
rappelant : « Je me suis préparé pour cet entretien,
et même si je fais une erreur, je peux me rattraper. »

4. **Faire de petits pas**

Éviter ce qui vous rend anxieux peut sembler
rassurant sur le moment, mais cela renforce votre
peur au fil du temps. Essayez plutôt de faire face à
vos peurs en petits pas gérables.

Par exemple, si vous êtes anxieux à l'idée de parler
en public, commencez par vous entraîner devant un
ami ou en vous enregistrant. Progressivement, vous
pourrez relever des défis plus importants, comme
parler devant un petit groupe.

**Un exemple auquel vous pouvez vous identifier**

Voici Lisa. Lisa se sentait toujours anxieuse dans les
situations sociales. Elle craignait de dire la mauvaise chose
ou d'être jugée. En conséquence, elle restait souvent chez
elle et évitait de rencontrer de nouvelles personnes.

Un jour, Lisa décida d'agir. Elle commença par assister à un
petit club de lecture où elle n'avait besoin de parler que
peu. Avec le temps, elle gagna en confiance et commença à
participer à des événements plus grands. Elle se sentait
encore nerveuse parfois, mais elle apprit que son anxiété ne
devait pas l'empêcher de vivre sa vie.

**Question de réflexion**

Pensez à une situation qui vous rend anxieux. Notez vos
réponses à ces questions :

- Quelles pensées traversent votre esprit à ce
  moment-là ?
- Quel est le pire qui pourrait réellement se produire ?
- Quelle petite étape pourriez-vous faire pour
  affronter cette peur ?

**Aller de l'avant**

L'anxiété peut sembler puissante, mais elle n'est pas invincible. En comprenant son fonctionnement et en pratiquant des techniques pour la gérer, vous pouvez commencer à prendre le contrôle. Rappelez-vous, vous n'avez pas à affronter l'anxiété d'un coup. Les petits pas mènent à de grands changements.

Dans le prochain chapitre, nous explorerons comment la résilience peut vous aider à développer la force mentale nécessaire pour affronter la peur et l'anxiété avec confiance.

Pour l'instant, rappelez-vous : l'anxiété fait partie de la vie, mais elle ne définit pas votre vie. Vous êtes plus fort que vous ne le pensez.

# Chapitre 4 : Cultiver la Résilience : Développer la Force Mentale pour Affronter la Peur

La vie est pleine de défis, et la peur fait naturellement partie de ceux-ci. Mais la résilience — la capacité à rebondir après un revers — peut vous aider à affronter la peur avec force et confiance. La résilience ne signifie pas que vous ne ressentirez jamais de peur ou de stress. Cela signifie que vous pouvez vous remettre des difficultés et continuer d'avancer, peu importe ce que la vie vous réserve.

Dans ce chapitre, nous explorerons ce qu'est la résilience, comment elle vous aide à faire face à la peur, et comment vous pouvez la développer étape par étape.

**Qu'est-ce que la Résilience ?**

La résilience est comme un élastique. Lorsque la vie vous étire ou vous tire, la résilience vous aide à revenir à votre forme initiale — ou même à devenir plus fort. C'est la capacité à s'adapter aux situations difficiles, à se remettre des échecs et à continuer d'avancer quand les choses deviennent difficiles.

Par exemple, imaginez que deux personnes perdent leur emploi. L'une se sent bloquée, se blâme et abandonne la recherche d'un nouveau travail. L'autre est déçue, mais décide de mettre à jour son CV, de réseauter et d'explorer de nouvelles opportunités. La deuxième personne fait preuve de résilience — elle utilise son revers comme une chance de progresser.

**Pourquoi la Résilience Est-elle Importante ?**

La résilience ne fait pas disparaître la peur ou les problèmes, mais elle change la façon dont vous y réagissez. Plutôt que d'éviter les défis ou de se sentir submergé, la résilience vous aide à :

- Rester calme sous pression
- Se concentrer sur les solutions plutôt que sur les problèmes
- Apprendre et grandir grâce aux échecs
  Les personnes résilientes ne naissent pas ainsi — c'est une compétence que vous pouvez développer avec de la pratique.

**Développer la Résilience**

Voici quelques moyens pratiques de renforcer la résilience dans votre vie :

1. **Renforcer Votre Mentalité**

   Votre mentalité — la façon dont vous percevez les défis — influence la manière dont vous gérez la peur. Les personnes résilientes se concentrent sur ce qu'elles peuvent contrôler plutôt que sur ce qu'elles ne peuvent pas.

   Essayez ceci :

   Lorsque vous êtes confronté à un défi, demandez-vous : « Quelle est la première chose que je peux faire pour améliorer cette situation ? »

   Concentrez-vous sur de petites étapes plutôt que d'être submergé par l'ensemble de la situation.

   Par exemple, si vous avez peur d'échouer à un examen, concentrez-vous sur l'élaboration d'un plan d'étude plutôt que de vous inquiéter du résultat.

2. **Accepter l'Échec Comme un Enseignant**

   L'échec est inconfortable, mais c'est aussi l'une des meilleures façons d'apprendre et de grandir. Les personnes résilientes voient l'échec comme une leçon, et non comme une fin.

   Pensez à un moment où vous avez échoué.

   Qu'avez-vous appris de cette expérience ?

   Comment cela vous a-t-il aidé à grandir ? En changeant votre perspective sur l'échec, vous pouvez aborder la peur avec curiosité plutôt qu'avec angoisse.

3. **Construire un Système de Soutien**

La résilience ne signifie pas que vous devez tout affronter seul. Compter sur les autres pour vous soutenir est un signe de force, pas de faiblesse. Entourez-vous de personnes qui vous encouragent et vous soutiennent.

Si vous vous sentez accablé, parlez-en à un ami de confiance, à un membre de votre famille ou à un mentor. Parfois, partager vos peurs avec quelqu'un d'autre peut vous aider à trouver des solutions auxquelles vous n'aviez pas pensé.

4. **Prendre Soin de Votre Corps**

La santé physique et la résilience mentale sont étroitement liées. Lorsque vous êtes fatigué, affamé ou stressé, la peur peut paraître beaucoup plus grande qu'elle ne l'est réellement. Prendre soin de votre corps vous aide à rester calme et concentré. Des habitudes simples comme dormir suffisamment, manger des repas nutritifs et faire de l'exercice régulièrement peuvent faire une grande différence. Même une petite promenade à l'extérieur peut réduire le stress et améliorer votre humeur.

5. **Pratiquer la Gratitude**

Se concentrer sur ce qui va bien dans votre vie peut vous aider à développer une perspective plus positive. Chaque jour, notez trois choses pour lesquelles vous êtes reconnaissant. Elles ne doivent pas être grandes — quelque chose d'aussi simple qu'un mot gentil d'un ami ou une journée ensoleillée compte.

La gratitude vous aide à voir qu'il y a toujours des

choses à apprécier, même en période difficile. Cet
état d'esprit renforce votre résilience et réduit la
peur.

**Un Exemple avec lequel Vous Pouvez Vous Identifier**
Voici Marcus. Marcus a récemment commencé un nouveau
travail et s'est senti accablé par toutes les responsabilités. Il
avait peur de faire des erreurs et avait envie d'abandonner.
Au lieu de quitter, Marcus a décidé de prendre de petites
étapes pour renforcer sa résilience. Il a parlé à un mentor
qui lui a rappelé que tout le monde se sent nerveux dans un
nouveau rôle. Il a commencé à se concentrer sur ce qu'il
pouvait contrôler, comme organiser ses tâches et demander
de l'aide lorsque nécessaire.
Avec le temps, Marcus est devenu plus confiant. Il faisait
toujours face à des défis, mais sa résilience lui a permis de
les voir comme des occasions de grandir plutôt que comme
des raisons d'abandonner.

**Réflexion**
Pensez à un moment où vous avez fait face à un défi ou à
une peur. Répondez à ces questions :

- Comment avez-vous réagi ?
- Qu'est-ce qui vous a aidé à surmonter cela ?
- Qu'avez-vous appris sur vous-même grâce à cette
  expérience ?

**Avancer**

La résilience ne consiste pas à ne pas avoir peur — elle consiste à affronter la peur avec courage et force. En renforçant votre mentalité, en apprenant de vos échecs et en développant des habitudes saines, vous pouvez affronter les défis de la vie avec confiance.

Dans le prochain chapitre, nous explorerons comment changer votre perspective sur la peur et l'inquiétude, en les transformant en occasions de croissance. Pour l'instant, rappelez-vous : la résilience n'est pas quelque chose que vous avez ou que vous n'avez pas — c'est quelque chose que vous pouvez construire chaque jour. Vous avez déjà montré de la résilience dans votre vie, et vous pouvez continuer à devenir plus fort.

# Chapitre 5 : Le pouvoir de la perspective : Repenser la peur et l'inquiétude dans votre esprit

La peur et l'inquiétude viennent souvent de la manière dont nous percevons les situations. Notre perspective — la façon dont nous voyons le monde — façonne nos sentiments et nos réactions. Parfois, changer de perspective peut tout changer. Lorsque vous reformulez vos pensées, vous pouvez transformer la peur en un défi à relever et l'inquiétude en un problème à résoudre.

Dans ce chapitre, nous explorerons comment changer votre perspective et prendre le contrôle de vos pensées.

## Pourquoi la perspective est importante

Vos pensées sont puissantes. Elles créent l'histoire que vous vous racontez sur ce qui se passe autour de vous. Si vous vous dites : "Je ne peux pas gérer cela", vous allez probablement vous sentir effrayé ou accablé. Mais si vous dites : "C'est difficile, mais je vais m'en sortir", vous aurez plus de chances de rester calme et d'agir.

La perspective façonne la manière dont vous vivez la vie. En apprenant à voir les situations différemment, vous pouvez réduire la peur et l'inquiétude et développer votre confiance en vous.

## Comment reformuler vos pensées

Reformuler ne signifie pas ignorer les problèmes ou prétendre que tout est parfait. Il s'agit de regarder les situations sous un angle nouveau, plus utile. Voici quelques techniques simples :

1. **Chercher l'opportunité**
   Chaque défi a quelque chose à vous apprendre. Au lieu de vous concentrer sur ce qui va mal, demandez-vous :
   Que puis-je apprendre de cela ?
   Comment cela peut-il me rendre plus fort ?
   Y a-t-il un moyen de transformer cela en une expérience positive ?
   Par exemple, si vous êtes nerveux à l'idée d'un entretien d'embauche, pensez-y comme une occasion de pratiquer vos compétences et d'en apprendre davantage sur l'entreprise. Même si vous n'obtenez pas le poste, l'expérience vous aidera à vous améliorer pour la prochaine opportunité.

2. **Remplacer les "Et si" négatifs**
   La peur vient souvent de l'imagination de scénarios catastrophes. Vous pouvez penser : "Et si je rate ?" ou "Et si les gens me jugent ?" Ces pensées peuvent prendre de l'ampleur et vous faire vous sentir coincé.
   Essayez plutôt de remplacer les "et si" négatifs par des "et si" positifs :
   Et si je réussis ?
   Et si les gens me soutiennent ?
   Et si cela se passait mieux que prévu ?
   Ce changement de pensée ouvre des possibilités et réduit le pouvoir de la peur.

3. **Se concentrer sur ce que vous pouvez contrôler**
   L'inquiétude vient souvent de la focalisation sur des choses échappant à notre contrôle. Par exemple, vous ne pouvez pas contrôler la réaction des autres

ni ce qui pourrait survenir de manière inattendue.
Mais vous pouvez contrôler vos propres actions et
réactions.
Lorsque vous vous sentez accablé, faites une liste
de ce qui est sous votre contrôle. Concentrez votre
énergie sur ces choses et laissez le reste de côté.

**4. Pratiquer la gratitude**

La peur et l'inquiétude viennent souvent du fait de
se concentrer sur ce qui manque ou ce qui pourrait
mal tourner. La gratitude vous aide à déplacer votre
focus sur ce qui est déjà bien dans votre vie.
Chaque jour, prenez quelques instants pour penser à
trois choses pour lesquelles vous êtes reconnaissant.
Cela peut être quelque chose de simple, comme un
mot gentil d'un ami ou un délicieux repas. La
gratitude vous aide à voir la situation dans son
ensemble et à relativiser vos peurs.

**Un exemple auquel vous pouvez vous identifier**

Rencontrons Anna. Anna avait une peur bleue de l'avion.
Elle détestait les turbulences et n'arrêtait pas de penser à
tout ce qui pourrait mal tourner. Sa peur l'empêchait de
voyager dans les endroits qu'elle voulait visiter.
Un jour, Anna a décidé d'essayer de reformuler ses
pensées. Plutôt que de penser : "Et si l'avion s'écrasait ?",
elle a commencé à se dire : "L'avion est le moyen de
transport le plus rapide et le plus sûr pour aller où je veux."
Elle s'est aussi concentrée sur les choses excitantes qu'elle
ferait une fois arrivée, comme explorer de nouvelles villes
et rencontrer des amis.
Avec le temps, la nouvelle perspective d'Anna l'a aidée à
gérer sa peur. L'avion la rendait toujours nerveuse, mais
cela ne l'empêchait plus de voyager.

**Exercices pour changer votre perspective**

Voici deux exercices pour vous aider à pratiquer la reformulation :

1. **Journal de pensée**
   Écrivez une peur ou une inquiétude qui vous dérange. Ensuite, répondez à ces questions :
   Que suis-je en train de me dire à propos de cette situation ?
   Cette pensée est-elle utile ou nuisible ?
   Quelle est une autre façon de voir cela ?
   Par exemple, si vous êtes inquiet à l'idée d'échouer à un examen, vous pourriez écrire :
   "Je me dis que je vais échouer et décevoir tout le monde."
   "Cette pensée est nuisible et me rend encore plus anxieux."
   "Une autre façon de voir cela est que j'ai beaucoup étudié, et même si je n'ai pas la meilleure note, j'en tirerai des enseignements pour l'avenir."

2. **Changer de focus**
   Lorsque vous êtes coincé dans une pensée négative, essayez de vous recentrer sur le moment présent. Utilisez cet exercice :
   Nommez une chose que vous pouvez voir.
   Nommez une chose que vous pouvez entendre.
   Nommez une chose que vous pouvez ressentir.
   Cet exercice simple vous aide à vous ancrer dans l'instant présent, brisant ainsi le cycle de la rumination.

**Avancer**

Changer votre perspective prend de la pratique, mais c'est une compétence qui peut transformer la façon dont vous affrontez la peur et l'inquiétude. Rappelez-vous, vos pensées ne sont pas des faits — ce sont juste des histoires que vous vous racontez. En choisissant des histoires plus utiles, vous pouvez vous sentir plus calme et plus confiant. Dans le prochain chapitre, nous aborderons la pleine conscience et la méditation, des outils puissants pour apaiser votre esprit et gérer la peur. Pour l'instant, rappelez-vous ceci : vous avez le pouvoir de choisir la manière dont vous voyez le monde. Un petit changement de perspective peut entraîner de grands changements dans votre vie.

## Chapitre 6 : L'esprit sur la matière : Exploiter le potentiel de la pleine conscience et de la méditation

Votre esprit est un outil puissant, mais lorsqu'il est envahi par la peur et l'inquiétude, il peut sembler être votre pire ennemi. La pleine conscience et la méditation sont deux pratiques qui vous aident à reprendre le contrôle. Elles vous apprennent à vous concentrer sur l'instant présent, à calmer vos pensées et à faire face aux défis avec un esprit clair. Dans ce chapitre, nous explorerons ce que sont la pleine conscience et la méditation, comment elles fonctionnent et comment vous pouvez les utiliser pour surmonter la peur et l'inquiétude.

**Qu'est-ce que la pleine conscience ?**
La pleine conscience consiste à prêter attention à l'instant présent sans jugement. Au lieu de vous inquiéter pour l'avenir ou de rejouer le passé, vous vous concentrez sur ce qui se passe ici et maintenant.
Par exemple, imaginez que vous mangez un morceau de chocolat. Au lieu de le manger rapidement tout en pensant à autre chose, vous ralentissez. Vous remarquez sa texture, le goût sur votre langue et la manière dont il fond dans votre bouche. C'est la pleine conscience : être pleinement présent dans l'instant.
La pleine conscience aide à réduire la peur et l'inquiétude en déplaçant votre attention de ce que vous ne pouvez pas contrôler et en vous ramenant à ce qui est réel.

**Qu'est-ce que la méditation ?**
La méditation est une pratique qui aide à entraîner votre esprit à se concentrer et à rester calme. Elle consiste souvent à s'asseoir tranquillement et à se concentrer sur sa

respiration, un mot ou un son. Avec le temps, la méditation peut vous aider à vous sentir plus paisible et mieux préparé à gérer le stress.

Considérez la méditation comme un exercice pour votre esprit. Tout comme vous renforcez votre corps en faisant de l'exercice, vous renforcez votre capacité à rester calme et concentré en méditant.

**Comment la pleine conscience et la méditation aident avec la peur et l'inquiétude**

Lorsque vous êtes effrayé ou inquiet, votre esprit s'emballe avec des pensées sur ce qui pourrait arriver. La pleine conscience et la méditation vous aident à :

- Ralentir et vous concentrer sur l'instant présent
- Remarquer vos pensées sans vous laisser submerger
- Calmer la réponse au stress de votre corps
  Par exemple, si vous êtes préoccupé par une présentation à venir, la pleine conscience peut vous aider à remarquer vos pensées anxieuses sans les laisser prendre le dessus. Au lieu de penser "Et si je me trompe ?", vous pouvez vous concentrer sur votre respiration et vous rappeler : "Je fais de mon mieux en ce moment."

**Comment pratiquer la pleine conscience**

Il n'est pas nécessaire d'avoir beaucoup de temps ou des outils spéciaux pour pratiquer la pleine conscience. Voici quelques exercices simples pour commencer :

1. **Exercice des 5 sens**
   Lorsque vous vous sentez accablé, essayez ceci :
- Regardez autour de vous et nommez 5 choses que vous pouvez voir.
- Nommez 4 choses que vous pouvez toucher.
- Nommez 3 choses que vous pouvez entendre.
- Nommez 2 choses que vous pouvez sentir.

- Nommez 1 chose que vous pouvez goûter.
  Cet exercice recentre votre attention sur l'instant présent, vous aidant ainsi à sortir du cycle de la peur et de l'inquiétude.

2. **Respiration consciente**
   Trouvez un endroit calme pour vous asseoir ou vous allonger. Fermez les yeux et inspirez profondément par le nez, puis expirez lentement par la bouche. Concentrez-vous sur la sensation de l'air qui entre et sort de votre corps.
   Si votre esprit commence à vagabonder, ramenez doucement votre attention à votre respiration.
   Même quelques minutes de respiration consciente peuvent vous aider à vous sentir plus calme.

**Comment commencer à méditer**

La méditation peut paraître intimidante au début, mais c'est plus simple que vous ne le pensez. Voici une méditation de base que vous pouvez essayer :

1. **Trouvez un endroit calme**
   Asseyez-vous confortablement sur une chaise ou par terre. Fermez les yeux ou gardez-les légèrement fixés sur un point.

2. **Concentrez-vous sur votre respiration**
   Prenez des respirations lentes et profondes. Remarquez la sensation de l'air entrant par votre nez et remplissant vos poumons.

3. **Laissez les pensées venir et repartir**
   Votre esprit vagabondera, et c'est normal. Lorsque vous remarquez une pensée, guidez doucement votre attention vers votre respiration. Vous n'avez pas besoin de stopper vos pensées, laissez-les passer comme des nuages dans le ciel.
   Commencez avec 5 minutes par jour et augmentez

progressivement la durée à mesure que vous vous
sentez à l'aise.

## Un exemple auquel on peut s'identifier

Rencontrons David. David se sentait souvent anxieux à
propos de son travail. Son esprit s'emballait avec des
pensées comme : "Et si je n'arrive pas à respecter le délai ?
Et si mon patron se fâche ?"

Un jour, David a décidé d'essayer la méditation. Il a
commencé avec seulement 5 minutes par jour, en se
concentrant sur sa respiration. Avec le temps, il a remarqué
qu'il se sentait plus calme et moins réactif aux situations
stressantes. Lorsque son esprit vagabondait, il pratiquait le
retour à l'instant présent.

L'histoire de David montre que même de petits pas peuvent
faire une grande différence. La méditation n'a pas éliminé
son stress, mais elle l'a aidé à le gérer de manière plus
saine.

## Invitation à la réflexion

Prenez un moment pour réfléchir :

- Quand avez-vous ressenti pour la dernière fois que
  vous étiez accablé par la peur ou l'inquiétude ?
- Comment la pratique de la pleine conscience ou de
  la méditation aurait-elle pu vous aider à ce moment-
  là ?
  Écrivez une petite manière dont vous pouvez
  commencer à intégrer la pleine conscience ou la
  méditation dans votre vie quotidienne.

**Avancer**

La pleine conscience et la méditation sont des outils puissants pour apaiser votre esprit et gérer la peur. Elles ne nécessitent pas beaucoup de temps ou d'effort, seulement la volonté d'essayer.

Dans le prochain chapitre, nous explorerons comment rompre le cycle de l'anxiété chronique et construire une vie plus paisible. Pour l'instant, rappelez-vous : vous avez la capacité de vous concentrer sur l'instant présent. Avec de la pratique, vous pouvez entraîner votre esprit à rester calme et fort, peu importe les défis auxquels vous faites face.

# Chapitre 7 : Rompre le cycle : Techniques efficaces pour surmonter l'anxiété chronique

L'anxiété chronique peut ressembler à une boucle sans fin. Ce n'est pas juste une inquiétude occasionnelle, c'est un état constant de malaise qui peut affecter votre esprit, votre corps et votre vie quotidienne. Rompre ce cycle est possible, mais cela nécessite de la compréhension, de la patience et les bons outils.

Dans ce chapitre, nous explorerons des techniques pratiques pour vous aider à prendre le contrôle de l'anxiété chronique et à trouver plus de paix dans votre vie.

**Comprendre l'anxiété chronique**

L'anxiété chronique commence souvent de manière légère, comme une pensée ou une peur isolée. Au fil du temps, elle se transforme en un schéma difficile à briser. Cela se produit parce que votre cerveau apprend à réagir à certains déclencheurs par la peur ou l'inquiétude.

Par exemple, si vous avez eu une expérience stressante en prenant la parole en public, votre cerveau pourrait commencer à associer des situations similaires à de l'anxiété. Même penser à prendre la parole en public peut déclencher les mêmes sentiments d'anxiété, créant ainsi une boucle.

La bonne nouvelle, c'est que votre cerveau peut apprendre de nouveaux schémas. En pratiquant des techniques pour gérer l'anxiété, vous pouvez rééduquer votre esprit à réagir différemment.

**Techniques pour rompre le cycle**

Voici quelques techniques efficaces pour vous aider à gérer l'anxiété chronique :

1. **Reconnaître votre anxiété**
La première étape pour surmonter l'anxiété est de la
reconnaître. Lorsque vous vous sentez anxieux, ne
tentez pas de l'ignorer ou de la combattre. Au
contraire, nommez-la. Dites-vous : « Je me sens
anxieux(se) en ce moment, et c'est tout à fait
normal. »
Reconnaître votre anxiété vous permet de prendre
du recul et de la voir comme un sentiment
temporaire, et non comme quelque chose qui vous
contrôle.

2. **Pratiquer la respiration profonde**
Lorsque vous êtes anxieux, votre corps entre en
mode de lutte ou de fuite, et votre respiration
devient superficielle. La respiration profonde aide à
calmer votre système nerveux.
Essayez cet exercice simple :

* Inspirez lentement par le nez pendant quatre
  secondes.
* Retenez votre souffle pendant quatre secondes.
* Expirez lentement par la bouche pendant six
  secondes.
  Répétez ce cycle pendant quelques minutes.
  La respiration profonde envoie un signal à votre
  cerveau que vous êtes en sécurité, ce qui aide à
  réduire l'anxiété.

3. **Contester les pensées négatives**
L'anxiété chronique provient souvent de pensées
négatives ou irrationnelles. Ces pensées peuvent
vous dire que quelque chose de terrible va se
produire ou que vous ne pouvez pas gérer une
situation.
Lorsque vous remarquez une pensée négative,

remettez-la en question en vous posant les questions suivantes :

- Cette pensée est-elle fondée sur des faits ou sur des peurs ?
- Quel est le pire scénario réaliste ?
- Comment gérerais-je la situation si cela se produisait ?

Par exemple, si vous êtes inquiet(e) de faire une erreur au travail, demandez-vous : « Quel est le pire scénario ? Si je fais une erreur, je peux m'excuser et la corriger. »

4. **Utiliser un journal des inquiétudes**

Un journal des inquiétudes est un endroit où vous pouvez noter vos peurs et préoccupations. Parfois, mettre vos inquiétudes sur papier les rend moins accablantes.

Chaque jour, prenez cinq minutes pour écrire :

- Ce qui vous inquiète
- Ce que vous pouvez contrôler dans la situation
- Une petite action que vous pouvez entreprendre

Avec le temps, vous remarquerez des schémas dans vos inquiétudes et commencerez à voir plus clairement les solutions.

5. **Pratiquer une activité physique**

L'exercice est l'un des meilleurs moyens de réduire l'anxiété. Il aide à libérer des endorphines, des substances chimiques dans votre cerveau qui vous font vous sentir bien.

Il n'est pas nécessaire de courir un marathon—des activités simples comme la marche, la danse ou le yoga peuvent être bénéfiques. Même une promenade de 10 minutes à l'extérieur peut réduire les niveaux d'anxiété.

**Un exemple concret**

Rencontrons Clara. Clara se sentait souvent anxieuse à l'idée de rencontrer de nouvelles personnes. Elle s'inquiétait de dire quelque chose de mal ou d'être jugée. Son anxiété est devenue si forte qu'elle a commencé à éviter les événements sociaux.

Un jour, Clara a décidé de faire de petits pas pour rompre le cycle. Elle a commencé par pratiquer la respiration profonde avant de sortir. Elle a également utilisé un journal des inquiétudes pour écrire ses peurs et se rappeler les aspects positifs des rencontres sociales.

Clara n'a pas surmonté son anxiété du jour au lendemain, mais avec le temps et la pratique, elle est devenue plus à l'aise dans les situations sociales. Son histoire montre qu'il est possible de rompre le cycle de l'anxiété avec de la persévérance et les bons outils.

**Réflexion**

Prenez un moment pour réfléchir à votre propre anxiété. Répondez à ces questions :

- Quelles situations ou pensées déclenchent votre anxiété ?
- Quelle est une petite étape que vous pouvez prendre pour mieux la gérer ?
- Comment pouvez-vous vous rappeler que l'anxiété est temporaire et ne définit pas qui vous êtes ?
  Écrivez vos réponses dans un carnet ou un journal pour vous aider à réfléchir et suivre vos progrès.

**Avancer**

Rompre le cycle de l'anxiété chronique prend du temps, mais c'est possible. En reconnaissant vos sentiments, en pratiquant des techniques apaisantes et en défiant les pensées négatives, vous pouvez commencer à prendre le contrôle de votre anxiété au lieu de la laisser vous contrôler.

Dans le prochain chapitre, nous explorerons comment transformer votre voix intérieure et utiliser le dialogue interne comme un outil de confiance et de force. En attendant, rappelez-vous ceci : L'anxiété est une habitude que votre cerveau a apprise, et avec de la pratique, vous pouvez lui apprendre de nouvelles façons de réagir. Vous êtes plus fort(e) que vos peurs.

# Chapitre 8 : Donner du pouvoir à votre voix intérieure : Transformer les pensées auto-critiques

La façon dont vous vous parlez à vous-même est importante. Votre voix intérieure peut soit vous renforcer, soit vous abattre. Lorsque vous êtes confronté à la peur ou à l'inquiétude, cette voix intérieure devient souvent critique et dure, en disant des choses comme : « Tu ne peux pas faire ça » ou « Tu vas échouer ». Mais avec de la pratique, vous pouvez transformer cette voix intérieure en une source d'encouragement et de force.

Dans ce chapitre, nous explorerons comment l'auto-discours vous affecte, comment reconnaître les pensées auto-critiques, et comment les remplacer par des pensées positives.

**Qu'est-ce que l'auto-discours ?**

L'auto-discours est la conversation que vous avez avec vous-même dans votre esprit. C'est le flot de pensées qui traverse votre tête tout au long de la journée.

Par exemple :

- L'auto-discours négatif pourrait dire : « Je suis nul à ça. Je ne devrais même pas essayer. »
- L'auto-discours positif pourrait dire : « C'est difficile, mais je vais trouver une solution. »
  La bonne nouvelle, c'est que vous pouvez choisir comment vous parler à vous-même. En modifiant votre auto-discours, vous pouvez changer la façon dont vous vous sentez et réagissez face aux défis.

**Comment l'auto-discours négatif vous affecte**

L'auto-discours négatif nourrit souvent la peur et l'anxiété. Lorsque vous vous dites : « Je ne suis pas assez bon » ou

« Tout va mal tourner », votre cerveau y croit. Cela vous fait vous sentir plus effrayé, stressé ou bloqué.

Imaginez Sarah, qui se prépare pour un entretien d'embauche. Sa voix intérieure ne cesse de lui dire : « Tu vas tout gâcher. Ils ne t'embaucheront jamais. » Avec de telles pensées, Sarah pourrait se sentir tellement anxieuse qu'elle pourrait même éviter l'entretien.

L'auto-discours négatif devient une habitude, mais comme toute habitude, elle peut être modifiée.

**Comment transformer votre voix intérieure**

Voici comment vous pouvez transformer l'auto-discours négatif en un discours auto-encourageant :

1. **Prenez conscience de vos pensées**

   La première étape est la prise de conscience. Faites attention à ce que vous vous dites, surtout dans les moments stressants.

   Essayez ceci :

   Notez une situation récente où vous vous êtes senti(e) effrayé(e) ou inquiet(ète).

   Quelles pensées ont traversé votre esprit ?

   Étaient-elles utiles ou nuisibles ?

   Par exemple, si vous vous inquiétiez de faire une présentation, vos pensées étaient peut-être : « Je vais me ridiculiser » ou « Je ne suis pas doué(e) pour ça. »

2. **Remettez en question les pensées négatives**

   Une fois que vous avez remarqué une pensée négative, questionnez-la. Demandez-vous :

   - Cette pensée est-elle fondée sur des faits ou des peurs ?
   - Quelles preuves ai-je que cette pensée est vraie ?

- Existe-t-il une manière plus équilibrée de voir les choses ?

  Par exemple, au lieu de penser : « Je vais me ridiculiser », vous pourriez dire : « Je me suis préparé(e) pour cette présentation, et même si je fais une erreur, je peux me rattraper. »

3. **Remplacez les pensées négatives par des pensées positives**

   Pratiquez le remplacement des pensées négatives par des pensées encourageantes. Cela ne signifie pas ignorer les problèmes, mais choisir des pensées qui vous aident à avancer.

   Exemples :

- Négatif : « Je n'arrive pas à gérer ça. »
- Positif : « C'est difficile, mais je vais y aller étape par étape. »
- Négatif : « Je rate toujours tout. »
- Positif : « J'ai déjà surmonté des défis et appris de mes erreurs. Je peux recommencer. »

  Au début, cela peut sembler contre-nature, mais avec de la pratique, cela deviendra plus facile.

4. **Utilisez des affirmations encourageantes**

   Lorsque la peur ou l'inquiétude prend le dessus, essayez de vous parler comme vous parleriez à un(e) ami(e). Soyez gentil(le), soutenant(e) et encourageant(e).

   Exemples d'auto-discours encourageant :

- « Tu peux le faire. Va-y étape par étape. »
- « C'est normal de se sentir nerveux(se). Tu donnes ton meilleur. »
- « Les erreurs font partie de l'apprentissage. Continue. »

**Un exemple auquel vous pouvez vous identifier**

Rencontrons Alex. Alex voulait rejoindre un groupe de course, mais il se sentait nerveux. Sa voix intérieure lui répétait : « Tu es trop lent. Tout le monde va te juger. »

Un jour, Alex a décidé de remettre en question ces pensées.
Il s'est rappelé : « Je ne suis peut-être pas le plus rapide,
mais je fais cela pour m'améliorer. » Il a aussi pensé : « La
plupart des gens sont concentrés sur leur propre course, pas
sur le fait de me juger. »
En changeant son auto-discours, Alex s'est senti plus
confiant et a rejoint le groupe. Il a découvert que les gens
étaient soutenants, et que sa peur était bien plus petite qu'il
ne l'avait imaginé.

**Exercices pour renforcer votre voix intérieure**
Voici deux exercices pour vous aider à pratiquer un auto-
discours encourageant :

1.  **Redéfinissez vos pensées**
    Prenez une feuille de papier et tracez deux
    colonnes. Dans la première colonne, écrivez une
    pensée négative que vous avez eue récemment.
    Dans la deuxième colonne, réécrivez-la sous forme
    de pensée positive ou équilibrée.
    Exemple :
- Négatif : « Je rate toujours tout. »
- Positif : « J'ai fait des erreurs par le passé, mais j'ai
    aussi appris de celles-ci. »
2.  **Créez une liste d'encouragements**
    Écrivez trois affirmations encourageantes que vous
    pouvez utiliser lorsque vous vous sentez effrayé(e)
    ou inquiet(ète). Gardez cette liste avec vous et lisez-
    la chaque fois que vous avez besoin d'un coup de
    pouce.
    Exemple :
- « Je suis plus fort(e) que ma peur. »
- « Je peux gérer tout ce qui se présente. »
- « J'ai surmonté des défis par le passé et en suis
    ressorti(e) plus fort(e). »

**Aller de l'avant**

Votre voix intérieure est l'un des outils les plus puissants
que vous ayez. En transformant l'auto-discours négatif en
un auto-discours positif, vous pouvez faire face à la peur et
à l'inquiétude avec confiance.

Dans le prochain chapitre, nous explorerons comment des
choix de vie comme l'exercice, le sommeil et la nutrition
peuvent soutenir un esprit calme et équilibré. Pour l'instant,
rappelez-vous ceci : vous n'êtes pas vos peurs ni vos
doutes. Vous êtes capable, fort(e) et digne d'encouragement
—surtout de votre propre part.

# Chapitre 9 : Le Rôle du Mode de Vie : Nutrition, Exercice et Sommeil dans la Gestion de l'Anxiété

Votre esprit et votre corps sont profondément liés. La manière dont vous prenez soin de votre corps affecte votre façon de penser et de vous sentir. En ce qui concerne la gestion de la peur et de l'anxiété, apporter de petits changements à votre mode de vie peut avoir un grand impact.

Dans ce chapitre, nous explorerons comment la nutrition, l'exercice et le sommeil peuvent soutenir un esprit calme et équilibré. Ces trois domaines sont souvent négligés, mais ce sont des outils puissants pour réduire l'anxiété et développer la résilience.

## Nutrition : Nourrir Votre Cerveau

Ce que vous mangez ne nourrit pas seulement votre corps – cela nourrit également votre cerveau. Certains aliments peuvent aider à réduire l'anxiété, tandis que d'autres peuvent l'aggraver.

### Aliments pour Soutenir un Esprit Calme

- **Céréales Complètes** : Des aliments comme l'avoine, le riz brun et le quinoa fournissent une énergie constante et aident à réguler votre humeur.
- **Fruits et Légumes** : Ils sont riches en vitamines et en antioxydants qui soutiennent la santé cérébrale.
- **Poissons Gras** : Le saumon, le maquereau et les sardines sont riches en acides gras oméga-3, qui ont montré qu'ils réduisaient l'anxiété.

- **Noix et Graines** : Les amandes, les noix et les graines de tournesol contiennent du magnésium, un minéral qui aide à calmer le système nerveux.

## Aliments à Limiter

- **Caféine** : Trop de café ou de boissons énergisantes peuvent vous rendre nerveux et augmenter l'anxiété.
- **Sucre** : Les encas sucrés et les boissons sucrées peuvent provoquer des pics d'énergie suivis de baisses, ce qui peut aggraver les sautes d'humeur.
- **Aliments Transformés** : Les chips, la restauration rapide et d'autres produits transformés manquent souvent des nutriments nécessaires au soutien de la santé mentale.

## Conseil Pratique

Commencez petit. Au lieu de réorganiser complètement votre alimentation, essayez d'ajouter un aliment qui réduit l'anxiété à vos repas chaque jour. Par exemple, remplacez votre encas de l'après-midi par une poignée d'amandes ou ajoutez des légumes-feuilles à votre dîner.

# Exercice : Bouger pour la Santé Mentale

L'exercice n'est pas seulement bon pour votre corps, c'est l'un des meilleurs moyens de réduire l'anxiété. L'activité physique libère des endorphines, des substances chimiques dans votre cerveau qui vous font vous sentir heureux et détendu.

## Comment l'Exercice Aide à Réduire l'Anxiété

- Réduit les hormones du stress, comme le cortisol
- Améliore la qualité du sommeil

- Augmente la confiance en soi
- Fournit une façon saine de libérer l'énergie nerveuse

**Types d'Exercices à Essayer**

- **Marche** : Une simple promenade dans la nature peut aider à clarifier votre esprit et à réduire l'anxiété.
- **Yoga** : Combine mouvement, pleine conscience et respiration profonde.
- **Danse** : Un moyen amusant de bouger votre corps et de remonter votre humeur.
- **Entraînement en Force** : Renforce à la fois la résilience physique et mentale.

**Conseil Pratique**

Vous n'avez pas besoin de passer des heures à la salle de sport. Commencez par 10 à 15 minutes d'activité par jour. Avec le temps, vous pouvez augmenter la durée et trouver des activités que vous aimez.

# Sommeil : Restaurer Votre Équilibre

Le sommeil est essentiel pour un esprit sain. Lorsque vous êtes fatigué, l'anxiété semble plus grande et plus difficile à gérer. Le manque de sommeil peut également rendre difficile la concentration, la résolution de problèmes et la gestion de vos émotions.

**Conseils pour un Meilleur Sommeil**

- **Créez une Routine** : Allez vous coucher et réveillez-vous à la même heure chaque jour, même le week-end.

- **Limitez le Temps d'Écran** : Évitez les écrans (comme votre téléphone ou la télévision) pendant au moins une heure avant de vous coucher. La lumière bleue peut interférer avec votre capacité à vous endormir.
- **Détendez-vous Avant de Dormir** : Créez une routine apaisante avant le coucher, comme lire, méditer ou prendre un bain chaud.
- **Évitez les Stimulants** : Limitez la caféine et les repas lourds le soir.

**Conseil Pratique**

Si vous avez du mal à vous endormir, essayez la respiration profonde ou la relaxation musculaire progressive. Ces techniques peuvent aider à calmer votre esprit et votre corps, facilitant ainsi l'endormissement.

## Un Exemple Relatable

Rencontrons Jack. Jack se sentait souvent anxieux et avait du mal à se concentrer au travail. Il a remarqué que son anxiété était pire après des nuits de mauvais sommeil ou lorsqu'il sautait des repas.

Jack a décidé d'apporter de petits changements à son mode de vie. Il a commencé à prendre un petit-déjeuner équilibré, à faire une courte promenade pendant le déjeuner et à se coucher à une heure régulière. Après quelques semaines, Jack a remarqué qu'il se sentait plus calme et plus concentré.

L'histoire de Jack montre que de petits changements de mode de vie peuvent avoir un grand impact sur l'anxiété.

## Exercices pour Réfléchir à Votre Mode de Vie

Prenez un moment pour réfléchir à vos habitudes
quotidiennes. Utilisez ces questions pour réfléchir :

- **Nutrition** : Quel est l'un des aliments que je peux
  ajouter à mon alimentation pour soutenir ma santé
  mentale ?
- **Exercice** : Quel type d'activité physique j'aime et
  que je peux commencer à faire aujourd'hui ?
- **Sommeil** : Quel changement puis-je apporter pour
  améliorer ma routine de sommeil ?
  Notez vos réponses et choisissez une petite étape
  sur laquelle vous concentrer cette semaine.

## Avancer

Votre mode de vie est la base de la gestion de la peur et de
l'anxiété. En mangeant des aliments nourrissants, en
bougeant votre corps et en dormant suffisamment, vous
pouvez soutenir un esprit plus sain et développer la
résilience.

Dans le prochain chapitre, nous explorerons l'importance
de l'action pour faire face à vos peurs et comment faire de
petits pas courageux vers vos objectifs. Pour l'instant,
rappelez-vous : prendre soin de votre corps est une partie
importante de la prise en charge de votre esprit. Chaque
petit changement que vous apportez contribue à un vous
plus calme et plus fort.

# Chapitre 10 : Le Courage d'Agir : Faire Face à Vos Peurs par l'Exposition et l'Action

La peur nous incite souvent à éviter ce qui nous effraie. Bien qu'éviter la peur puisse sembler réconfortant à court terme, cela peut la rendre plus forte au fil du temps. La bonne nouvelle, c'est que vous pouvez vous libérer de la peur en l'affrontant directement à travers de petites actions intentionnelles.

Ce processus s'appelle l'exposition. Il s'agit de prendre des mesures graduelles pour faire face à vos peurs et prouver à vous-même que vous êtes plus fort que vous ne le pensez. Dans ce chapitre, nous explorerons le fonctionnement de l'exposition, comment passer à l'action même lorsque vous avez peur, et comment le courage grandit avec la pratique.

## Pourquoi l'Évitement Rend la Peur Plus Forte

L'évitement peut sembler être la manière la plus facile de gérer la peur, mais il aggrave souvent le problème. Voici pourquoi :

Lorsque vous évitez quelque chose, votre cerveau n'a jamais l'occasion d'apprendre que la peur est gérable.

Au fil du temps, la peur devient plus grande dans votre esprit, rendant son affrontement plus difficile.

Par exemple, si vous avez peur de parler en public et que vous l'évitez à chaque fois, votre peur grandit. Mais lorsque vous prenez de petites étapes pour y faire face, vous développez votre confiance et réduisez la puissance de la peur.

## Comment Fonctionne l'Exposition

L'exposition ne signifie pas plonger directement dans votre plus grande peur. Il s'agit de la décomposer en étapes plus petites et gérables. Cette approche vous aide à construire progressivement votre confiance.

**Étapes pour Faire Face à Votre Peur**

1. **Identifiez Votre Peur**

   Soyez spécifique. Par exemple, au lieu de dire « J'ai peur des situations sociales », dites « J'ai peur de commencer des conversations avec des inconnus ».

2. **Créez une Échelle de Peur**

   Une échelle de peur est une liste d'étapes qui vous rapprochent de l'affrontement de votre peur.

   Commencez par quelque chose de petit et facile, puis passez progressivement à des défis plus grands.

   Exemple :

   Peur : Parler en public

   Étape 1 : Pratiquer devant un miroir.

   Étape 2 : Partager vos idées avec un petit groupe d'amis.

   Étape 3 : Faire une courte présentation devant un public bienveillant.

   Étape 4 : Parler lors d'un événement plus important.

3. **Faites des Petites Étapes**

   Commencez par la première étape de votre échelle. Concentrez-vous sur une petite action à la fois.

   Chaque succès renforcera votre confiance pour l'étape suivante.

4. **Réfléchissez à Vos Progrès**

   Après chaque étape, demandez-vous :

   - Qu'ai-je appris de cette expérience ?
   - Le résultat était-il aussi effrayant que je l'avais imaginé ?

   La plupart du temps, vous découvrirez que la peur n'était pas aussi accablante que vous le pensiez.

**Le Courage Grandit avec l'Action**

Passer à l'action ne signifie pas que vous vous sentirez sans peur. Cela signifie que vous agissez malgré la peur. Plus vous agissez, plus votre courage grandit.

Imaginez le courage comme un muscle. Chaque fois que vous faites face à votre peur, vous renforcez ce muscle. Avec le temps, les choses qui semblaient autrefois impossibles deviennent plus faciles.

**Un Exemple auquel vous pouvez vous Identifier**
Rencontrons Maria. Maria avait une peur intense de conduire après un petit accident de voiture. Pendant des mois, elle a évité de prendre le volant, ce qui a rendu sa peur encore plus grande.
Un jour, Maria a décidé de prendre de petites étapes pour faire face à sa peur. Elle a commencé par s'asseoir sur le siège du conducteur sans conduire. Ensuite, elle a pratiqué la conduite autour de son quartier avec un ami. Progressivement, elle est passée à la conduite sur des routes plus fréquentées.
Ce n'était pas facile, mais chaque étape a aidé Maria à renforcer sa confiance. Finalement, elle s'est sentie à nouveau à l'aise pour conduire. Sa peur n'a pas disparu complètement, mais elle ne contrôlait plus sa vie.

**Exercices pour Renforcer le Courage**
Voici deux exercices pour vous aider à commencer à faire face à vos peurs :

1. **Créez Votre Échelle de Peur**
   Choisissez une peur sur laquelle vous souhaitez travailler. Écrivez une échelle d'étapes que vous pouvez suivre, en commençant par quelque chose de petit et en progressant vers des défis plus grands. Par exemple :
   Peur : Parler à de nouvelles personnes
   Étape 1 : Établir un contact visuel et sourire à un inconnu.
   Étape 2 : Dire « bonjour » à quelqu'un en passant.
   Étape 3 : Engager une courte conversation avec un

collègue ou un voisin.

Étape 4 : Participer à un petit rassemblement social.

2. **Visualisez le Succès**

   Avant de franchir une étape, fermez les yeux et imaginez-vous réussir. Visualisez-vous calme et confiant. La visualisation peut aider à réduire l'anxiété et à vous préparer à l'expérience réelle.

**Prompt de Réflexion**

Pensez à une peur que vous avez évitée. Répondez aux questions suivantes :

- Quelle est la première petite étape que vous pouvez franchir aujourd'hui pour faire face à cette peur ?
- Comment allez-vous vous récompenser pour avoir franchi cette étape ?

**Aller de l'Avant**

Faire face à vos peurs demande du courage, mais c'est l'une des façons les plus puissantes de réduire l'anxiété et de grandir en tant que personne. Rappelez-vous, vous n'avez pas à tout affronter d'un coup. Commencez petit, faites un pas à la fois et célébrez vos progrès.

Dans le prochain chapitre, nous explorerons l'art de lâcher prise et comment l'acceptation peut apporter la paix dans votre vie. En attendant, rappelez-vous ceci : la peur fait partie de la vie, mais elle ne doit pas vous retenir. Vous êtes plus fort que votre peur, et chaque pas que vous faites le prouve.

# Chapitre 11 : L'art de lâcher prise : Apprendre l'acceptation et l'abandon

Parfois, la peur et l'inquiétude viennent du désir de contrôler des choses qui échappent à notre pouvoir. Lorsque vous vous accrochez trop fortement aux attentes ou aux résultats, vous créez du stress et de l'anxiété. L'art de lâcher prise consiste à accepter ce que vous ne pouvez pas changer et à vous concentrer sur ce que vous pouvez changer. Ce n'est pas abandonner, c'est trouver la paix. Dans ce chapitre, nous explorerons ce que signifie lâcher prise, pourquoi c'est si puissant et comment pratiquer l'acceptation dans votre vie quotidienne.

**Que signifie lâcher prise ?**
Lâcher prise, c'est se libérer du besoin de contrôler chaque détail de votre vie. C'est accepter que certaines choses échappent à votre contrôle et choisir de ne pas gaspiller votre énergie sur elles.
Par exemple :

- Vous ne pouvez pas contrôler ce que les autres ressentent ou font, mais vous pouvez contrôler comment vous réagissez.
- Vous ne pouvez pas changer le passé, mais vous pouvez choisir la manière dont vous y pensez.
- Vous ne pouvez pas prédire l'avenir, mais vous pouvez agir dans le présent.
  Lâcher prise ne consiste pas à ignorer les problèmes. C'est se concentrer sur ce qui est vraiment important et se donner la permission d'arrêter de s'inquiéter pour le reste.

**Pourquoi lâcher prise apporte la paix**
Lorsque vous tentez de tout contrôler, vous créez de la

tension dans votre esprit et votre corps. Lâcher prise vous aide à :

- Réduire le stress en acceptant ce que vous ne pouvez pas changer.
- Libérer de l'énergie pour vous concentrer sur ce que vous pouvez influencer.
- Vous sentir plus léger et plus présent dans l'instant.

Imaginez que vous portez un sac à dos lourd, plein de soucis et de peurs. Chaque fois que vous lâchez quelque chose que vous ne pouvez pas contrôler, c'est comme si vous enleviez une pierre du sac. Avec le temps, vous vous sentez plus léger et plus libre.

**Comment pratiquer le lâcher prise**

Lâcher prise est une compétence qui demande de la pratique. Voici quelques façons de commencer :

1. **Identifiez ce qui échappe à votre contrôle**
   Faites une liste des choses qui vous causent du stress ou des inquiétudes. À côté de chaque élément, écrivez « Sous mon contrôle » ou « Hors de mon contrôle ».
   Concentrez votre énergie sur ce qui est sous votre contrôle, comme vos actions et votre état d'esprit. Pour ce qui échappe à votre contrôle, rappelez-vous que l'inquiétude ne changera pas le résultat.

2. **Utilisez la méthode « Libérer et Remplacer »**
   Lorsqu'une pensée effrayante ou négative survient, imaginez-la se libérer comme un ballon dans le ciel. Puis, remplacez-la par une pensée plus utile.
   Par exemple :

   - Pensée négative : « Et si j'échoue ? »

- Pensée de remplacement : « Je ferai de mon mieux et j'apprendrai de ce qui arrive. »

3. **Pratiquez la pleine conscience**

   La pleine conscience vous aide à rester présent et à lâcher prise sur les préoccupations liées au passé ou au futur. Lorsque votre esprit commence à vagabonder, ramenez doucement votre attention sur ce qui se passe ici et maintenant.

   Essayez cet exercice simple de pleine conscience :

   - Asseyez-vous calmement et fermez les yeux.
   - Prenez une profonde inspiration et, à l'expiration, dites silencieusement : « Lâcher prise ».
   - Répétez cet exercice pendant quelques minutes, en vous concentrant sur votre souffle et la phrase.

4. **Acceptez l'imperfection**

   La peur vient souvent du désir d'être parfait ou de contrôler chaque résultat. Lâcher prise, c'est accepter que les erreurs et les imperfections font partie de la vie.

   Au lieu de viser la perfection, concentrez-vous sur le progrès. Demandez-vous : « Quel est le prochain petit pas que je peux faire ? »

**Un exemple auquel vous pouvez vous identifier**

Rencontrons Emma. Emma a passé des semaines à s'inquiéter pour une présentation au travail. Elle voulait que tout soit parfait et avait peur de faire des erreurs.

Un jour, Emma a décidé de lâcher prise sur son besoin de perfection. Elle s'est rappelée que les erreurs sont normales et s'est concentrée sur son meilleur effort. Pendant la présentation, elle a trébuché sur quelques mots, mais a réalisé que ce n'était pas la fin du monde. Ses collègues ont toujours apprécié ses efforts.

En lâchant sa peur de l'échec, Emma s'est sentie plus détendue et confiante.

**Exercices pour pratiquer le lâcher prise**
Voici deux exercices à essayer :

1.  **Le bocal de lâcher prise**
    Trouvez un bocal ou une boîte et quelques petits
    morceaux de papier. Écrivez vos soucis ou vos
    peurs que vous souhaitez libérer, puis placez-les
    dans le bocal. Imaginez que le bocal contient ces
    préoccupations pour que vous n'ayez pas à le faire.
    Chaque semaine, passez en revue le bocal et voyez
    si certaines de ces inquiétudes ne semblent plus
    aussi importantes.

2.  **Gratitude et lâcher prise**
    Avant de vous coucher, écrivez trois choses pour
    lesquelles vous êtes reconnaissant et une chose que
    vous laissez partir. Par exemple :

    *   Reconnaissant pour : Ma famille, une journée
        ensoleillée, avoir terminé une tâche.
    *   Lâcher prise de : M'inquiéter pour la réunion de
        demain.
        Cette pratique aide à recentrer votre attention sur le
        positif tout en libérant le stress inutile.

**Réflexion**
Réfléchissez à quelque chose que vous avez du mal à
laisser aller, que ce soit une inquiétude, un regret ou une
peur. Demandez-vous :

*   Est-ce quelque chose que je peux contrôler ?
*   Comment le fait de m'y accrocher m'aide-t-il ou me
    nuit-il ?
*   Quel est le premier petit pas que je peux faire pour
    lâcher prise ?

**Aller de l'avant**
Lâcher prise est un processus, pas un événement ponctuel.

Plus vous pratiquez l'acceptation, plus il devient facile de libérer la peur et de vous concentrer sur ce qui est vraiment important.

Dans le prochain chapitre, nous explorerons comment la foi et la force spirituelle peuvent vous aider à surmonter la peur et à trouver la paix. Pour l'instant, rappelez-vous : Vous n'avez pas à porter chaque fardeau. Lâcher prise ne signifie pas perdre le contrôle, cela signifie se libérer pour vivre pleinement.

# Chapitre 12 : La Foi et l'Intrépidité : Trouver la Force Spirituelle en Période de Doute

La peur prospère souvent dans les moments d'incertitude. Elle grandit lorsque nous nous sentons seuls ou incertains de l'avenir. La foi — que ce soit en une puissance supérieure, l'univers ou la bonté de la vie — peut être un antidote puissant à la peur. La foi nous donne de l'espoir, nous aide à faire confiance à quelque chose de plus grand que nous-mêmes et nous rappelle que nous ne sommes jamais vraiment seuls.

Dans ce chapitre, nous explorerons comment la foi peut vous aider à trouver la force, les moyens pratiques de la cultiver et comment elle peut vous guider à travers les défis de la vie.

### Qu'est-ce que la foi ?

La foi, c'est croire en quelque chose que vous ne pouvez pas entièrement voir ou contrôler. C'est la confiance que, même dans les moments difficiles, les choses finiront par s'arranger comme elles doivent. La foi ne signifie pas que la vie sera toujours facile ou que des choses mauvaises ne se produiront pas. Cela signifie avoir confiance en votre capacité à affronter tout ce qui se présente à vous.

Par exemple, imaginez planter une graine. Vous l'arrosez et en prenez soin, même si vous ne pouvez pas voir ce qui se passe sous le sol. La foi, c'est la confiance que, avec le temps et les soins, la graine grandira.

### Comment la foi réduit la peur

La foi vous aide à lâcher prise sur le besoin de tout contrôler. Elle vous procure un sentiment de paix, sachant que certaines choses échappent à votre contrôle. Voici comment la foi peut aider à réduire la peur :

- **Donne de l'espoir** : La foi vous rappelle que les moments difficiles sont temporaires et que des jours meilleurs sont à venir.
- **Encourage la confiance** : La foi vous aide à faire confiance au processus, même lorsque le résultat est incertain.
- **Renforce la résilience** : Croire en quelque chose de plus grand que soi peut vous donner la force de continuer.

**Cultiver la foi**

La foi ne se développe pas du jour au lendemain — elle grandit avec la pratique et l'expérience. Voici quelques façons de cultiver la foi dans votre vie :

1. **Réfléchissez aux défis passés**

   Pensez à un moment où vous avez fait face à une situation difficile et l'avez surmontée. Qu'est-ce qui vous a aidé à traverser cela ? Qu'avez-vous appris ? Rappeler vos défis passés peut renforcer votre conviction que vous pouvez gérer ceux à venir.

2. **Connectez-vous à une puissance supérieure**

   Si vous croyez en une puissance supérieure, prenez du temps pour vous connecter par la prière, la méditation ou une réflexion calme. Parlez ouvertement de vos peurs et demandez guidance ou paix.

   Même si vous êtes incertain de vos croyances, passer du temps dans la nature ou apprécier la beauté autour de vous peut vous aider à vous sentir connecté à quelque chose de plus grand.

3. **Pratiquez la gratitude**

   La gratitude déplace votre attention de ce qui manque vers ce que vous avez déjà. Lorsque la peur prend le dessus, faites une pause et énumérez trois choses pour lesquelles vous êtes reconnaissant. La gratitude renforce votre foi en vous rappelant les

bénédictions de la vie, même dans les moments
difficiles.

**4.    Faites confiance au voyage**

La foi, c'est faire confiance au voyage, même
lorsque vous ne voyez pas la destination. Rappelez-
vous que l'incertitude fait partie de la vie, et il est
normal de ne pas avoir toutes les réponses.

Essayez de répéter cette affirmation :

*"Je fais confiance au fait que tout se déroule comme
il se doit, et j'ai la force de gérer tout ce qui se
présente à moi."*

**Un exemple concret**

Rencontrons James. James a perdu son emploi de manière
inattendue et s'est senti accablé par la peur de ne pas
pouvoir subvenir aux besoins de sa famille. Il pensait sans
cesse : "Et si je ne retrouvais jamais un autre travail ?"

Un jour, James a décidé de se concentrer sur la foi plutôt
que sur la peur. Il s'est rappelé des moments où il avait
affronté des défis et trouvé des solutions. Il a commencé
chaque journée par une simple prière pour la force et la
guidance, et a tenu un journal de gratitude pour rester
positif.

Bien que retrouver un emploi ne fût pas facile, la foi de
James l'a aidé à rester calme et motivé. Il a fait confiance
au processus et a fini par trouver une opportunité encore
meilleure que ce qu'il avait imaginé.

**Exercices pour renforcer la foi**

Voici deux exercices pour vous aider à renforcer votre foi :

**1.    Écrivez un journal de foi**

Chaque jour, écrivez une chose qui vous inquiète et
une chose en laquelle vous avez confiance pour se
résoudre. Par exemple :

Inquiétude : "J'ai peur de ne pas respecter mon
délai."

Confiance : "J'ai confiance que je trouverai la concentration et l'énergie nécessaires pour terminer à temps."
Revoyez régulièrement votre journal pour vous rappeler comment les choses se sont bien passées dans le passé.

2. **Pratiquez le lâcher-prise**

Lorsque la peur surgit, imaginez que vous placez votre inquiétude dans un ballon et que vous le libérez dans le ciel. Cette simple visualisation peut vous aider à lâcher prise sur ce que vous ne pouvez pas contrôler et à faire confiance au voyage.

**Invit à la réflexion**

Prenez un moment pour réfléchir :

- Quelle est la peur que vous tenez actuellement ?
- Comment la foi — que ce soit en vous-même, en une puissance supérieure ou en l'univers — peut-elle vous aider à y faire face ?
- Quelle est une petite étape que vous pouvez franchir aujourd'hui pour pratiquer la confiance ?

**Avancer**

La foi ne fait pas disparaître la peur, mais elle vous donne la force de l'affronter. En ayant confiance en quelque chose de plus grand que vous, vous pouvez trouver la paix et le courage, même dans les moments les plus incertains.

Dans le prochain chapitre, nous explorerons comment les relations et les connexions peuvent vous aider à surmonter la peur et à construire un solide système de soutien. Pour l'instant, rappelez-vous : La foi est une lumière qui brille même dans les moments les plus sombres. Faites confiance à votre voyage — vous n'êtes pas seul.

## Chapitre 13 : Les relations et la peur : Créer des connexions de soutien pour s'épanouir

La peur et l'inquiétude semblent souvent plus petites lorsqu'elles sont partagées avec d'autres. Des relations solides peuvent vous aider à faire face aux défis, réduire l'anxiété et développer la résilience. Avoir un réseau de personnes qui vous soutiennent vous rappelle que vous n'êtes pas seul(e) et vous donne la force d'aller de l'avant. Dans ce chapitre, nous explorerons le rôle des relations dans la gestion de la peur, comment créer des connexions de soutien et des moyens de renforcer vos liens existants.

**Comment les relations aident à surmonter la peur**
Lorsque vous êtes accablé(e) par la peur, demander de l'aide à d'autres peut vous apporter :

- **Perspective** : Parler à quelqu'un en qui vous avez confiance peut vous aider à voir vos peurs sous un autre angle. Souvent, cette personne vous rappellera que les choses ne sont pas aussi accablantes qu'elles en ont l'air.
- **Encouragement** : Les personnes qui vous soutiennent vous encouragent et vous rappellent vos forces.
- **Confort** : Savoir simplement que quelqu'un se soucie de vous peut réduire les sentiments de peur et de solitude.
  Par exemple, imaginez que vous soyez nerveux(se) à l'idée de prendre une grande décision, comme déménager dans une nouvelle ville. Parler à un ami de confiance peut vous aider à traiter vos sentiments et à gagner la confiance nécessaire pour avancer.

**Créer des connexions de soutien**

Toutes les relations ne sont pas les mêmes, et certaines peuvent ne pas être utiles pendant des périodes de stress. Il est important de cultiver des liens avec des personnes qui vous soutiennent réellement et vous élèvent. Voici quelques façons de créer des relations de soutien :

1. **Entourez-vous de personnes positives**
   Passez du temps avec des personnes qui vous font vous sentir bien dans votre peau. Recherchez des amis, des membres de votre famille ou des mentors qui écoutent sans juger et offrent de l'encouragement.

2. **Soyez honnête à propos de vos sentiments**
   Lorsque la peur survient, il est tentant de la cacher, mais s'ouvrir à quelqu'un en qui vous avez confiance peut faire une grande différence. Partager vos inquiétudes permet aux autres de vous soutenir et vous rappelle que vous n'êtes pas obligé(e) d'affronter tout cela seul(e).
   Commencez par quelque chose de simple, comme : "Je me sens vraiment anxieux(se) à propos de ce projet. Est-ce que je peux en parler avec toi ?"

3. **Rejoindre des communautés**
   Si vous n'avez pas un système de soutien solide, envisagez de rejoindre un groupe ou une communauté partageant des intérêts similaires. Cela pourrait être un club local, un groupe en ligne ou un cours. Faire partie d'une communauté vous aide à vous sentir connecté(e) et soutenu(e).
   Par exemple, rejoindre un cours de yoga ou un club de lecture peut vous aider à rencontrer des personnes partageant les mêmes idées et à créer un sentiment d'appartenance.

**Renforcer les relations existantes**
Même si vous avez déjà des relations de soutien, il est
important de les entretenir. Voici comment :

1.  **Montrez votre reconnaissance**
    Prenez le temps de remercier les personnes qui vous
    soutiennent. Un simple "Je t'apprécie" ou un mot
    gentil peut renforcer votre lien.
2.  **Soyez là pour eux**
    Le soutien est réciproque. Lorsque quelqu'un que
    vous aimez traverse une période difficile, offrez une
    oreille attentive ou aidez-le de toutes les manières
    possibles.
3.  **Passez du temps de qualité ensemble**
    Parfois, simplement être présent(e) avec quelqu'un
    renforce votre connexion. Prenez le temps de faire
    des activités que vous aimez tous les deux, comme
    partager un repas, faire une promenade ou regarder
    un film.


**Un exemple auquel on peut s'identifier**
Rencontrons Rachel. Rachel se sentait souvent accablée par
sa peur de parler en public. Elle évitait les présentations au
travail et s'inquiétait de ne jamais surmonter son anxiété.
Un jour, Rachel a décidé de se confier à sa collègue Lisa.
Lisa a partagé qu'elle avait aussi eu du mal avec la prise de
parole en public et lui a proposé de s'entraîner ensemble.
Elles ont passé du temps à répéter ensemble, et Lisa a
donné des retours encourageants à Rachel.
Avec le soutien de Lisa, Rachel a gagné la confiance
nécessaire pour affronter sa peur. Elle a réussi sa prochaine
présentation et était fière de ses progrès.
L'histoire de Rachel montre comment le bon soutien peut
rendre la peur plus facile à affronter.

**Exercices pour renforcer vos connexions**

Voici deux exercices pour vous aider à renforcer vos
relations :

1. **Inventaire des connexions**
   Dressez une liste des personnes dans votre vie qui
   vous soutiennent et vous élèvent. À côté de chaque
   nom, écrivez une façon de nourrir cette relation. Par
   exemple :
   "Appeler Sarah pour prendre de ses nouvelles."
   "Inviter John à prendre un café pour se
   reconnecter."

2. **Exercice des 3 gratitudes**
   Écrivez trois personnes pour lesquelles vous êtes
   reconnaissant(e) et pourquoi. Par exemple :
   "Je suis reconnaissant(e) pour ma sœur car elle
   m'écoute toujours quand j'ai besoin de parler."
   "Je remercie mon ami Alex car il me fait rire quand
   je me sens abattu(e)."
   Cet exercice vous aide à vous concentrer sur les
   relations positives de votre vie et vous rappelle le
   soutien que vous avez déjà.

**Question de réflexion**

Réfléchissez à vos relations. Répondez à ces questions :

- Qui dans votre vie vous fait vous sentir soutenu(e)
  et compris(e) ?
- Comment pouvez-vous entretenir cette connexion
  cette semaine ?
- Y a-t-il de nouvelles connexions que vous aimeriez
  développer ?

**Aller de l'avant**

Les relations solides sont l'un des meilleurs outils pour surmonter la peur. En vous entourant de personnes soutenantes, en vous ouvrant sur vos sentiments et en entretenant vos connexions, vous créerez un réseau qui vous aide à vous épanouir.

Dans le prochain chapitre, nous explorerons des outils pratiques pour maintenir la paix et l'équilibre dans votre vie quotidienne. Pour l'instant, rappelez-vous ceci : Vous n'avez pas à affronter la peur seul(e). Appuyez-vous sur vos connexions et laissez-les vous rappeler votre force.

# Chapitre 14 : Outils Pratiques pour la Paix Quotidienne : Intégrer les Techniques dans la Vie de Tous les Jours

Gérer la peur, l'inquiétude et l'anxiété ne se résume pas uniquement à de grandes avancées—il s'agit des petites décisions quotidiennes que vous prenez pour trouver l'équilibre et la paix. En pratiquant des outils simples de manière constante, vous pouvez créer une vie qui se sent plus calme et plus sous contrôle.

Dans ce chapitre, nous explorerons des techniques pratiques que vous pouvez utiliser chaque jour pour réduire l'anxiété, améliorer votre humeur et rester ancré, même en période de difficultés.

## Pourquoi les Habitudes Quotidiennes Comptent

La peur et l'anxiété prospèrent dans le chaos et l'imprévisibilité. Les habitudes quotidiennes apportent structure et stabilité, vous aidant à vous sentir plus ancré. Lorsque vous faites de petites choix positifs chaque jour, vous entraînez votre esprit et votre corps à réagir au stress de manière plus calme.

Pensez-y comme à l'arrosage d'une plante. Un petit effort chaque jour conduit à une croissance et à une force constantes au fil du temps.

## Outils pour la Paix Quotidienne

Voici quelques outils pratiques pour vous aider à gérer la peur et l'inquiétude au quotidien :

1. **Pleine Conscience Matinale**

La façon dont vous commencez votre journée
détermine le ton pour le reste de la journée. Passez
quelques minutes chaque matin à pratiquer la pleine
conscience pour vous recentrer.

Essayez ceci :

Asseyez-vous dans un endroit calme et prenez cinq
respirations lentes et profondes.

Concentrez-vous sur la sensation de l'air qui entre et
sort de votre corps.

Fixez une intention pour la journée, comme "Je vais
aborder les défis calmement" ou "Je vais me
concentrer sur ce que je peux contrôler."

2. **La Pause de Deux Minutes**

Lorsque la peur ou le stress s'intensifient pendant la
journée, faites une courte pause pour vous
réinitialiser.

Essayez ceci :

Fermez les yeux et prenez une profonde respiration.
Demandez-vous : "Quelle est une chose que je peux
faire maintenant pour me sentir plus calme ou plus
en contrôle ?"

Concentrez-vous sur cette petite action, qu'il
s'agisse de faire une liste de choses à faire, de faire
des étirements ou de boire un verre d'eau.

3. **Vérification de la Gratitude**

La gratitude aide à déplacer votre attention de ce
qui va mal vers ce qui va bien.

Essayez ceci :

À la fin de chaque journée, notez trois choses pour
lesquelles vous êtes reconnaissant.

Cela peut être quelque chose de petit, comme
savourer un bon repas ou entendre un mot gentil
d'un ami.

La gratitude vous rappelle les aspects positifs de la vie, même pendant les journées difficiles.

**4. Pauses Actives**

L'activité physique réduit le stress et aide à clarifier votre esprit.

Essayez ceci :

Faites une courte promenade, étirez-vous ou faites quelques exercices simples comme des sauts ou des postures de yoga.

Même cinq minutes de mouvement peuvent avoir un grand impact sur votre état d'esprit.

**5. Écriture pour la Clarté**

Écrire vos pensées vous aide à traiter vos émotions et à prendre du recul.

Essayez ceci :

Consacrez 5 à 10 minutes à écrire ce qui vous préoccupe.

Demandez-vous : "Que puis-je ressentir en ce moment ? Que puis-je faire pour m'aider ?"

L'écriture vous aide à libérer vos inquiétudes et à trouver des solutions.

**6. Apprenez à Dire "Non"**

La peur et le stress viennent souvent du fait de prendre trop de responsabilités. Apprendre à dire "non" peut protéger votre temps et votre énergie.

Essayez ceci :

Lorsqu'on vous demande de faire quelque chose, faites une pause et demandez-vous : "Est-ce en accord avec mes priorités ? Ai-je la capacité de le faire en ce moment ?"

Si la réponse est non, entraînez-vous à dire : "Merci de penser à moi, mais je ne peux pas m'engager là-dessus pour l'instant."

Dire non n'est pas égoïste—c'est prendre soin de soi.

## Un Exemple Concret

Rencontrons Daniel. Daniel se sentait souvent accablé par ses responsabilités professionnelles et familiales. Il se réveillait chaque matin déjà stressé et finissait chaque journée épuisé.

Un jour, Daniel a décidé d'apporter de petits changements. Il a commencé à pratiquer la pleine conscience le matin et à tenir un journal de gratitude avant de se coucher. Il a également fait de courtes promenades pendant ses pauses déjeuner pour clarifier son esprit.

Au fil du temps, ces petites habitudes ont aidé Daniel à se sentir plus calme et plus sous contrôle. Il a compris qu'il n'était pas nécessaire de tout changer en une fois—les actions petites mais constantes ont fait une grande différence.

## Exercices pour Créer Votre Plan Quotidien

Voici comment créer un plan pour intégrer la paix dans votre vie quotidienne :

1. **Identifiez Vos Déclencheurs**
   Réfléchissez aux situations ou aux moments de la journée où la peur ou l'inquiétude tendent à se manifester. Écrivez-les. Par exemple :
   "Je me sens anxieux le matin avant le travail."
   "Je me sens accablé lorsque ma liste de choses à faire semble trop longue."

2. **Choisissez Vos Outils**
   Choisissez une ou deux techniques de ce chapitre

pour aborder ces déclencheurs. Par exemple :
Si les matins sont stressants, commencez par la pleine conscience.
Si les listes de choses à faire sont accablantes, utilisez la pause de deux minutes pour prioriser.

3.   **Commencez Petit**
Ne tentez pas de tout changer en une fois. Commencez par une petite habitude et développez-la à partir de là. Par exemple, passez deux minutes à pratiquer la respiration profonde ou écrivez une chose pour laquelle vous êtes reconnaissant chaque nuit.

## Question de Réflexion

Prenez un moment pour réfléchir :
Quelle est la petite habitude que vous pouvez commencer dès aujourd'hui pour vous sentir plus calme ou plus sous contrôle ?
Comment pouvez-vous vous rappeler de la pratiquer chaque jour ?

## Aller de l'Avant

Trouver la paix ne consiste pas à tout faire parfaitement—il s'agit de faire de petits choix constants qui s'additionnent au fil du temps. En intégrant ces outils dans votre vie quotidienne, vous pouvez créer une base solide pour gérer la peur et l'inquiétude.
Dans le prochain chapitre, nous explorerons ce que signifie vivre sans peur et adopter une vie de liberté et de confiance. Pour l'instant, rappelez-vous : Chaque petit pas que vous faites vers la paix est un pas vers une vie plus calme et plus épanouissante. Vous y arriverez !

# Chapitre 15 : Vivre sans peur : Adopter une vie de liberté, de paix et de puissance

Vivre sans peur ne signifie pas que vous ne ressentirez jamais de peur. La peur fait naturellement partie de la vie. Mais être sans peur signifie que vous ne laissez plus la peur vous contrôler. Cela signifie vivre avec courage, confiance et un profond sentiment de paix, sachant que vous pouvez affronter tout ce qui se présente à vous.

Dans ce dernier chapitre, nous explorerons ce que signifie vivre sans peur, comment adopter une vie de liberté, et les étapes pratiques pour continuer à grandir et à prospérer.

**Que signifie être sans peur ?**

Être sans peur ne signifie pas que vous n'aurez pas de doutes ou d'inquiétudes. Cela signifie que vous avez appris à les affronter avec force et confiance. Une vie sans peur repose sur :

- **Liberté** : Choisir d'agir malgré la peur, plutôt que de se laisser freiner par elle.
- **Paix** : Trouver le calme en vous-même, même lorsque la vie semble incertaine.
- **Puissance** : Savoir que vous êtes plus fort que vos peurs et capable de grandir.

Par exemple, imaginez que vous ayez toujours voulu voyager seul, mais que vous en ayez trop peur. Vivre sans peur signifie reconnaître cette peur, planifier votre voyage et faire le premier pas malgré la nervosité.

**Étapes pour vivre une vie sans peur**

Voici des moyens pratiques pour vivre sans peur chaque jour :

1. **Continuez à faire de petits pas**
   Vivre sans peur ne consiste pas à faire de grands bonds, mais à entreprendre des actions petites mais régulières qui renforcent la confiance. Essayez ceci :
   - Identifiez une chose que vous avez évitée par peur.
   - Divisez-la en petites étapes et faites le premier pas aujourd'hui.

Par exemple, si vous avez peur de commencer un nouveau loisir, commencez par rechercher des cours locaux ou essayez-le chez vous.

2. **Pratiquez la bienveillance envers vous-même**
   Vivre sans peur signifie être gentil avec soi-même, même lorsque vous faites des erreurs. La peur se nourrit souvent lorsque vous êtes trop dur avec vous-même. Essayez ceci :

   - Lorsque vous vous sentez effrayé ou que vous trébuchez, rappelez-vous : "C'est normal de ressentir cela. Je suis en train d'apprendre et de grandir."
   - Traitez-vous avec la même bienveillance que vous offririez à un ami.

3. **Restez dans le moment présent**
   La peur réside souvent dans le futur : ce qui pourrait arriver, ce qui pourrait mal tourner. Rester dans le présent vous aide à vous concentrer sur ce qui est réel et gérable ici et maintenant. Essayez ceci :

   - Lorsque vous sentez la peur arriver, faites une pause et prenez trois respirations profondes et lentes.

- Concentrez-vous sur ce que vous pouvez voir, entendre et ressentir sur le moment.

4.  **Célébrez vos victoires**

Chaque pas que vous faites pour surmonter la peur est une victoire. Célébrer ces victoires vous rappelle vos progrès et vous motive à continuer. Essayez ceci :

- À la fin de chaque semaine, notez trois choses que vous avez faites qui vous ont rendu courageux ou fier.
- Réfléchissez à combien vous avez progressé et donnez-vous du crédit pour vos efforts.

5.  **Restez connecté**

Vivre sans peur est plus facile lorsque vous êtes entouré de personnes bienveillantes. Partagez votre parcours avec des amis, la famille ou une communauté qui vous soutient. Essayez ceci :

- Parlez de vos peurs et de vos objectifs avec quelqu'un en qui vous avez confiance.
- Demandez du soutien ou des conseils lorsque vous en avez besoin.

**Un exemple auquel on peut s'identifier**

Faisons la connaissance de Laura. Laura avait toujours voulu créer sa propre entreprise, mais elle avait peur d'échouer. Elle s'inquiétait de faire des erreurs, de perdre de l'argent, et de ce que les autres pourraient penser.

Un jour, Laura a décidé de faire un petit pas vers son rêve. Elle a commencé par rechercher son idée d'entreprise et a parlé à des amis qui avaient de l'expérience dans le domaine. À chaque étape, sa confiance grandissait.

Finalement, Laura a lancé son entreprise. Ce n'était pas parfait et elle a rencontré des défis en cours de route, mais elle a continué d'avancer. Laura a compris que vivre sans peur ne signifiait pas être sans peur, mais agir malgré ses peurs.

## Exercices pour adopter la vie sans peur

Voici deux exercices pour vous aider à commencer à vivre sans peur :

1.  **Le plan d'action sans peur**

    - Notez une peur qui vous freine.
    - Divisez-la en trois petites étapes que vous pouvez entreprendre pour l'affronter.
    - Engagez-vous à réaliser la première étape cette semaine.

2.  **La liste de la puissance**

    - Rédigez une liste de cinq fois où vous avez affronté la peur et réussi.
    - Réfléchissez à ce que vous avez appris de chaque expérience et comment elle vous a rendu plus fort.
    - Gardez cette liste à portée de main pour vous rappeler votre force.

## Questions de réflexion

Prenez un moment pour réfléchir :

- Que signifie vivre sans peur pour vous ?
- Quel est un domaine de votre vie où vous souhaitez adopter plus de courage et de liberté ?
- Quelle est la première étape que vous pouvez franchir aujourd'hui pour commencer à vivre sans peur ?

**Aller de l'avant**

Vivre sans peur est un voyage, pas une destination. Il s'agit
de choisir le courage plutôt que le confort, de faire de petits
pas chaque jour et de croire en votre capacité à grandir. La
peur ne disparaîtra peut-être jamais complètement, mais
elle ne doit pas vous contrôler.
Au fur et à mesure que vous avancez, rappelez-vous des
outils et des leçons que vous avez appris tout au long de ce
livre. Utilisez-les pour affronter vos peurs, développer
votre résilience et créer la vie que vous avez toujours rêvée.
Vous êtes plus fort que vos peurs. Vous êtes capable de
vivre une vie remplie de paix, de puissance et de liberté. Le
chemin vers une vie sans peur commence par un seul pas –
et vous êtes déjà en route.
Vous pouvez le faire.

## Conclusion : L'Avenir Sans Peur : Reprendre Votre Paix, Votre Pouvoir et Votre Objectif

Vous avez atteint la fin de ce livre, mais votre voyage vers l'absence de peur ne fait que commencer. En chemin, vous avez exploré ce qu'est la peur, pourquoi elle se manifeste et comment la surmonter grâce à des stratégies éprouvées. Vous avez appris à affronter vos peurs, à apaiser vos inquiétudes et à construire une vie de courage et de résilience.

Mais la leçon la plus importante est la suivante : vous êtes plus fort(e) que vos peurs.

**Accepter l'Absence de Peur**

La peur fera toujours partie de la vie – c'est ce qui fait de nous des humains. Mais la peur n'a pas à vous retenir. En la comprenant et en utilisant les outils de ce livre, vous avez fait les premiers pas pour reprendre votre paix et votre pouvoir.

Vivre sans peur ne signifie pas que vous ne ressentirez plus jamais la peur. Cela signifie que vous aborderez la peur avec confiance, sachant que vous avez la force de l'affronter. Il s'agit de faire des choix qui sont en harmonie avec vos objectifs et vos valeurs, même lorsque la peur vous murmure : « Tu ne peux pas. »

**Une Vie de Paix et de Pouvoir**

Imaginez ce à quoi pourrait ressembler votre vie lorsque la peur ne vous contrôle plus.

Vous poursuivez des rêves qui semblaient autrefois inaccessibles.

Vous affrontez les défis avec résilience et courage.

Vous trouvez de la joie et de la sérénité dans l'instant présent, peu importe ce que la vie vous réserve.
C'est la vie de liberté, de paix et de pouvoir que vous êtes capable de vivre.

**Avancer**

Le chemin vers l'absence de peur ne concerne pas la perfection – il s'agit de progrès. Chaque petit pas que vous faites est une victoire. Certains jours seront plus faciles que d'autres, et c'est bien ainsi. Ce qui compte, c'est que vous continuiez à avancer.

Chaque fois que la peur surgit, rappelez-vous les outils que vous avez appris dans ces pages :

- Comprendre votre peur et son objectif.
- Remettre en question les pensées négatives et reformuler votre perspective.
- Utiliser la pleine conscience, la gratitude et l'auto-compassion pour rester ancré(e).
- Faire de petits pas courageux vers vos objectifs.

**Vous êtes sans Peur**

Alors que vous fermez ce livre, prenez un moment pour réfléchir à tout ce que vous avez accompli. Vous avez fait le choix d'affronter vos peurs, et c'est un pas courageux en soi.

Maintenant, il est temps de mettre en action ce que vous avez appris. Vivez avec audace. Acceptez les défis. Ayez confiance en vous pour gérer tout ce qui se présente à vous. Le voyage vers l'absence de peur commence par un seul pas. Vous l'avez déjà fait, et la route à venir est pleine de possibilités.

Voici à une vie sans peur, libre et puissante. Vous avez tout ce qu'il faut pour y arriver.